AF185134

www.tredition.de

Für Katharina Gorgels
und
Rosa Lua

René Duval

Gedichte zum Träumen

© 2015 René Duval
Umschlag, Illustration: Maggie Lua
Verlag: tredition GmbH, Hamburg

ISBN
Paperback   ISBN 978-3-7323-5272-2
Hardcover   ISBN 978-3-7323-5273-9
e-Book   ISBN 978-3-7323-6153-3

Printed in Germany

Das Werk, einschließlich seiner Teile, ist urheber-
rechtlich geschützt. Jede Verwertung ist ohne Zu-
stimmung des Verlages und des Autors unzuläs-
sig. Dies gilt insbesondere für die elektronische
oder sonstige Vervielfältigung, Übersetzung, Ver-
breitung und öffentliche Zugänglichmachung.

Sperr deine Träume

nicht ein

Lass sie segeln

in alle

Himmelsrichtungen

Lass die

Flusslandschaft

deiner Seele

in das weite

blaue Meer

münden

Wenn Unkraut

in deinem

Seelengarten wächst,

grabe die verwelkten

Gedanken um,

säe Neue

und du wirst

selbst im Winter

einen

Sommergarten

in Dir

vorfinden

Lass deine Seele

nicht verkümmern

Sie liebt die Reise

in unbekannte

Kontinente

Wie ein Kind

unschuldig und rein

sucht sie immer

wieder neue

Abenteuer

Das wahre Paradies

liegt aber nur

in uns selber

Gib deiner

Seele

ein Zuhause

und

schließe leise

die Türe

hinter

dir zu

Im warmen Sand

liegend

Träumend umgeben

vom Rauschen

des Meeres

Der Phantasie sind

keine Grenzen

gesetzt

In Seligkeit sinnt

die Seele

in kindlicher Freude

im Augenblick

des Glücks

Das Wunder der

Schönheit

liegt im Inneren

des Menschen

Strenge dich jeden

Tag neu an

und das Wunder

zieht seine

Fäden durch

deine Seele

Gesichter

zeigen

welche

Landschaften

in uns

wohnen

Kindheit

ist ein

verwilderter

Garten,

der nie

seine

Mystik

verliert

Die Seele

schweigt

und träumt

im Alleinsein

Sie kommt zu

sich selbst

Sie entfaltet

sich wie ein

Schmetterling

im reifen

Kornfeld

Die Farben

deiner

Gedanken

sind die

Flügel

Deiner

Seele

Wir dürfen

uns nicht

einengen lassen

Die Vogelseele

in uns

muss sich frei

entfalten können,

um über

die Abgründe

des Lebens

leicht fliegen

zu können

Nicht Liebe

suchen

ist Glück,

sondern

Liebe

in sich

selbst wohnen

lassen

bedeutet

Glück

Dieses Glück

kann uns

niemand

nehmen

Es gibt Menschen

die sind

wie Zugvögel

Die einen,

die lässt man

einfach davonfliegen

und die anderen

würden wir

am liebsten

darum bitten

zu bleiben

oder ihnen

folgen zu

dürfen

Phantasie

Lass dich nicht

einnehmen von

dem grauen

Alltag

Zwänge dich

durch das

Gitter der

Gewohnheiten

und du wirst

zwischen Himmel

und Erde

schweben

Die Seele will

keine Grenzen

Eine freie Seele

trotzt allen festen,

gewohnten und

geregelten Bahnen

Sie will ihren

eigenen Weg

gehen

Dem Weg der

ihrem Wesen

entspricht

Sie will in ihrem

eigenen Garten

säen, wachsen

und ernten

Ich will frei

sein

ohne Zwänge

Die Ängste

abwerfen,

abschütteln

und in

den Himmel

meine Freude

werfen

Spielen

ist ein

paradiesischer

Zustand

Es hebt die

Seele

wie einen

Luftballon

von der

Erde ab

In der Natur

fühle

ich mich wohl

und aufgehoben

Hier kann ich sein

wie ich bin

Keiner spricht

schlecht

über mich

Niemand ist

misstrauisch

Die Natur ist

meiner Seele

vertraut und

ich ihr

Wer nie

seine

Träume

gelebt hat,

wird immer

am Ufer

in die Ferne

schauen

Die Seele ist

wie eine

Raupe,

die erst dann

zum

Schmetterling

wird,

wenn sie ihr

wahres Wesen

entfalten

kann

29

Gedanken sind

frei

sie brauchen

reine Luft

zum Atmen

Gedanken sind

wie Vögel,

die nur dann

den Himmel

erreichen,

wenn sie leicht

und frohen

Mutes sind

Nicht der Tod

trennt

unsere Seelen

voneinander,

sondern

eine

verwelkte

Liebe

Wollte Wurzeln

schlagen

Aber überall

fand ich

einen harten

Boden vor

Dann fiel mir

ein,

das ich immer

in der Fremde

Wurzeln schlagen

wollte,

anstatt in mir

selber

Die Seele

ist ein

Weltenbummler

Desto mehr sie

gesehen hat,

desto

blühender

ist ihr

Garten

Wie ein Vogel

fliegt die

Seele

Sie fliegt

außerhalb

ihrer Zwänge

Sie fliegt

in die

Freiheit

Dort wo das

blaue

unendliche

Himmelsgras

wächst

Schönheit

suchen wir

im Spiegel

Die wirkliche

Schönheit

liegt jedoch

im Inneren

Sie ist

unsichtbar

und blüht

wenn sie

handelt

Flüsse gehen ihren

Neigungen nach

Sie lassen ihren

Träumen freien Lauf

Verschwenderisch,

spielerisch,

und heiter

ziehen sie ihre

abenteuerlichen

Bahnen

Flüsse haben einen

langen Atem

Träume sind nicht

von Heute auf Morgen

zu erreichen

Meine Seele

gleicht dem

Himmel

Sie findet

ihre

Vollkommenheit

nur, wenn

sie sich frei

entfalten

kann

Das eigene Ich

entdecken

Der Phantasie

Flügel wachsen

lassen

Den Träumen

freien Lauf

lassen

Der Seele das

Kind nicht

verweigern

Fliegen ist

eine

Art

Leichtigkeit

über

den

schweren

Dingen

zu

schweben

41

Heute möchte

ich mal

ein Vogel sein

Den ganzen

Ballast

einfach ablegen,

den Staub der

Sorgen

von meinen

Flügeln pusten

Einfach so

mit den Flügeln

den Himmel

berühren

Einfach so

Nur einmal

möchte ich

ein Vogel sein

Kinder haben

schönere

Landschaftsseelen

als Erwachsene

Sie träumen

und spielen

in der Gegenwart

Die Erwachsenen

leben im Irrtum

Ihr Reichtum

liegt in

äußeren

Dingen

Glück

ist wie

eine

Seifenblase

Sie vergeht

in nichts

Doch die

Erinnerung

ist wie ein

stiller

See

Die Seele

ist eine Blume,

die verwelkt,

wenn der Durst

nach Sehnsucht

nicht gestillt

wird

Sie verhungert,

wenn dem

Geist die

Nahrung

verweigert

wird

Das Wunder

der Schönheit

liegt im

Inneren

des Menschen

Strenge dich

jeden Tag

neu an

und das

Wunder zieht

seine Fäden

durch deine

Seele

Lebe dein Leben

Lebe es aus

dein wahres Wesen

Lebe so wie

es dir gefällt

Der Himmel

lässt sich

auch keine

andere Farbe

aufdrängen

Im Garten

deiner Seele

wachsen

deine Träume

und Sehnsüchte

Lebe sie aus

Sie werden nie

verwelken

Niemand außer

dir selbst

kann dir

deinen Garten

verwüsten

Warum nimmst
du dir soviel
Zeit?
Wo doch alle
keine Zeit
mehr haben
Das ist ganz
einfach,
entgegnete der
bunte
Schmetterling
Wir leben nur
im Augenblick
Das ist unser
ganzer
Reichtum

Glück

ist wie

eine

Seifenblase

Sie vergeht

in nichts

Doch die

Erinnerung

ist wie

ein

stiller

See

Der Garten

unserer

Seele

wird in

jedem

Alter

blühen,

wenn

man ihn

täglich

pflegt

Zeitfracht Medien GmbH
Ferdinand-Jühlke-Straße 7
99095 Erfurt, Deutschland
produktsicherheit@kolibri360.de